AF500827

14
LK 23

12886

HISTOIRE

DES

PRINCIPALES SESSIONS

DES

ÉTATS DE BRETAGNE

TENUES EN LA VILLE DE VANNES,

PAR

M. PAUL DE CHAMPAGNY.

NANTES,

IMPRIMERIE DE VINCENT FOREST, PLACE DU COMMERCE, 1.

—

1857.

Lk 14 23

PRINCIPALES SESSIONS

DES

ÉTATS DE BRETAGNE

TENUES EN LA VILLE DE VANNES [1].

Lorsque de fausses données historiques tendent à nous faire considérer nos pères comme ayant constamment courbé la tête sous un joug absolu et pesant, lorsque d'autre part de tristes expériences ont versé le découragement dans bien des intelligences, j'ai éprouvé, je l'avoue, un certain plaisir à une étude qui me prouvait que, sur notre vieille terre de Bretagne, nos aïeux avaient compris la dignité et la douceur de ce régime où les sujets viennent contribuer de leurs conseils à l'administration et au gouvernement de la chose publique; j'ai suivi avec intérêt ces nombreux pélerins politiques se rendant de toutes les parties de la Bretagne au but où les a conviés leur Duc pour y délibérer sur les premières affaires de l'Etat. Ce sont les membres du clergé, représentants de l'Eglise, dont notre province ne méconnut jamais la salutaire influence; c'est cette multitude de gentilshommes qui, vivant au milieu des populations rurales, en partagent les intérêts, les mœurs, souvent le costume, et jamais ne quittent le vieux manoir de leurs pères que pour se rendre aux Etats ou marcher à l'ennemi; ce sont enfin les députés de nos bonnes villes, soutiens naturels de leurs droits et de leur industrie naissante; librement élus, ils

(1) Lu au Congrès de Vannes, en 1853, cet intéressant travail a été retouché depuis par son auteur, qui a bien voulu en gratifier notre Revue.

apportent l'élément du progrès à côté de celui de la stabilité, représenté par le souverain et la noblesse, aux longues traditions et aux droits héréditaires.

C'est ainsi que, pendant de longs siècles, notre province a su conserver un gouvernement tempéré, témoignage irrécusable d'un précieux esprit de sagesse, dans les peuples comme dans les institutions ; c'est ainsi que nos pères ont bu longtemps avec bonheur à cette coupe d'une liberté séculaire que nos lèvres ont rejetée, parce qu'ayant follement agité le breuvage, nous n'avons plus, au lieu de la liqueur généreuse et pure, trouvé que la lie et l'amertume.

Tout attrayant que fût le sujet, il n'était pourtant pas sans difficulté : trop large et trop resserré à la fois, suivant le côté sous lequel je le considérais, tantôt craignant de donner à mon travail des développements exagérés, de longueur fatigante ; tantôt craignant, au contraire, de produire l'ennui en faisant, au lieu d'histoire, une sèche nomenclature qui se contenterait d'enregistrer les faits et les noms, — pâles ossements épars sur lesquels le vent de la mort a soufflé et qui n'offrent aux spectateurs qu'une monotone aridité, jusqu'à ce que le génie de l'histoire, fort des souvenirs légués par les contemporains de ces ombres, vienne passer sur elles et leur rendre la vie. Je me rappelais aussi avoir lu quelque part : « Heureux les peuples dont les annales » ne sont pas intéressantes ! » et je me disais : Irai-je chercher dans le jeu pacifique et régulier de nos institutions politiques pendant de longs siècles, cet intérêt émouvant et terrible qu'offre l'histoire de nos modernes révolutions ?

Ce triple écueil de la longueur, de la sécheresse, du défaut d'intérêt, j'ai cherché autant qu'il était en moi à l'éviter ; pour cela, j'ai cru devoir me restreindre aux plus remarquables, parmi les sessions des Etats de Bretagne tenues à Vannes. D'ailleurs je ne me suis pas borné aux actes mêmes de ces tenues, qui n'eussent été souvent que le recueil fastidieux de lois pleines de sagesse ; j'ai fait des excursions dans le domaine des événements qui amenèrent ces Etats ou qui en dérivèrent, sur le caractère des temps et des principaux personnages. J'ai tenté, dans les sévères limites de la vérité historique, d'animer les faits et les héros, d'y intéresser, de rechercher quelles passions viles ou généreuses étaient le mobile des actes, et faisaient vibrer les cœurs sous leurs armures de fer ou leurs corsages de soie.

Deux parties diviseront mon travail. La première sera relative aux principaux Etats antérieurs à la réunion de la Bretagne à la France; des objets d'intérêt divers y appelleront notre attention, ici sur des mesures législatives qui y furent adoptées, là sur des événements politiques qui y eurent rapport. La seconde partie traitera particulièrement de trois tenues, qui ont accompagné ou suivi la réunion de notre province à la Couronne et qui coïncident avec les moments où cette réunion a été le plus vivement discutée et le plus sérieusement débattue. Cette seconde partie sera donc, à bien dire, l'historique de la question de nationalité bretonne; elle correspondra du reste à l'époque moderne, de même que la première à la fin du moyen-âge.

PREMIÈRE PARTIE.

SOMMAIRE.

I. Etats de 1387 : le connétable de Clisson emprisonné au château de l'Hermine. — II. Etats de 1451 : portrait du duc Pierre II; constitutions pour le bon ordre de la justice; privilèges aux tisserands et aux teinturiers. — III. Etats de 1455 : mariage de François de Bretagne, comte d'Etampes, avec Marguerite de Bretagne. — IV. Etats de 1462 : constitutions du duc François II. — V. Etats de 1485 : institution d'un Parlement sédentaire. — VI. Etats de 1490 : portrait de la duchesse Anne. — VII. Etats de 1501 : le roi Louis XII.

I. — Comment ne pas mentionner au début de notre travail les Etats réunis à Vannes, en 1387? Etats, il est vrai, insignifiants par eux-mêmes et dont l'histoire n'a pas daigné nous transmettre les actes, mais Etats mémorables en ce qu'ils furent l'occasion d'un crime aux conséquences longues et terribles.

Jean IV avait enfin triomphé dans sa querelle contre Blois et Penthièvre. La mort de son rival aux plaines d'Auray avait fondé sa puissance; le levrier de Charles de Blois, fidèle au succès, était venu saluer

Jean le Victorieux, et la couronne ducale, auguste objet du débat, reposait désormais sur la tête de Montfort, reconnu dans le traité de Guérande même par ses rivaux. La maison de Penthièvre restait toutefois redoutable, et la méfiance de son heureux ennemi scrutait rigoureusement tous ses actes. L'union que Jean de Blois, héritier de cette famille, contracta avec Marguerite, fille d'Olivier de Clisson, connétable de France, accrut encore ses soupçons et sa haine. Le connétable était à craindre : ancien frère d'armes de du Guesclin, aussi brave que lui mais plus ambitieux, il lui avait succédé dans la première dignité militaire du royaume ; la confiance et l'amitié du jeune roi lui étaient acquises. Le faible et infortuné Charles VI pouvait tout accorder au héros dans lequel il voyait le soutien de son trône et l'unique général qui lui fût dévoué. Obéissant à la fois à la peur et au désir de la vengeance, curieux d'ailleurs de donner un gage d'amitié à l'Angleterre, contre laquelle Clisson faisait en ce moment même de belliqueux préparatifs, le Duc résolut d'immoler son ennemi et ne recula pas plus devant la honte d'une trahison que devant l'horreur d'un assassinat.

Réunissant les Etats, il fit affectueusement prier Clisson de s'y rendre, le reçut à sa table, mangea à la sienne, but à la même coupe, lui prodigua les plus heureux souhaits. Et comme le connétable allait partir, Montfort le pressa de venir voir avec lui le beau château de l'Hermine, qu'il faisait alors bâtir. Ils s'y rendirent chevauchant ensemble, et suivis de quelques gentilshommes, parcoururent les salles et burent au cellier. Alors le Duc : « Sire Olivier, nul homme au » monde ne s'entend comme vous aux travaux de maçonnerie ; votre » château de Clisson l'atteste. Voyez ma grande tour ; montez un peu, » je vous rejoindrai bientôt. Je changerai, je vous le jure, suivant vos » conseils, tout ce que vous trouverez à reprendre. » Olivier monte, soudain la porte derrière lui roule sur ses gonds et se referme, des hommes apostés l'environnent : « Monseigneur, pardonnez-nous, » s'écrient-ils, car c'est notre ordre. » Et ils le chargent de fers.

Le Duc pâlit, le comte de Laval prévoyant de sa part quelque dessein sinistre, l'interroge, mais en vain ; la nouvelle de l'arrestation du connétable se répand dans la ville ; le peuple ému, épouvanté, attend en silence ; on se regarde d'un air morne, on n'ose parler : les chevaliers seuls ne se taisent pas, ils rappellent toutes les marques d'amitié que Montfort vient de donner à Clisson, ils flétrissent son manque de foi ; ils parlent de délivrer le prisonnier et de livrer le Duc félon à la justice de son suzerain.

Cependant Jean IV poursuivait sa vengeance ; il faisait attacher par un collier de fer son captif aux murailles du cachot et ne lui laissait, pour se préserver du froid et de l'humidité, qu'un méchant manteau jeté sur ses épaules par la pitié d'un des hommes qui l'avaient chargé de chaînes. Enfin Montfort ordonna au sire de Bazvalan, gouverneur du château, de mettre Clisson dans un sac et de le noyer pendant la nuit. Aux supplications qui lui furent faites, il répondit : « Bazvalan, » fais ce que je commande ou tu m'en réponds sur ta vie. »

Le Duc, cette nuit-là, ne dormit guère ; au matin, le gouverneur entra dans sa chambre : « Monseigneur, dit-il, tout est fini, votre » volonté a été faite, encore qu'il m'en ait bien coûté. » Jean de Montfort éclata en sanglots ; le déshonneur dont il se couvrait, les dangers qu'il amoncelait sur sa propre tête frappèrent en ce moment son esprit devenu plus calme ; il reprocha amèrement à Bazvalan sa trop prompte obéissance ; celui-ci baissa la tête et se retira. La journée entière se passa pour le prince coupable dans la solitude la plus absolue et dans l'angoisse du remords. Le soir, Bazvalan reparut devant lui : « Retire-toi, s'écria Montfort, que mes yeux ne te revoient plus : » je voudrais être mort, et plût à Dieu que je le fusse ; car il n'y » a point de remède au mal que tu m'as fait. » — « Le mal n'est pas » accompli, » reprit le fidèle serviteur. Voyant la colère qui vous » troublait, je vous laissai commander selon votre volonté, mais ayant » songé à ce qui en pourrait advenir, je craignis que vous ne fussiez » quelque jour fort chagrin si j'accomplissais vos ordres ; messire Olivier de Clisson n'est pas mort. »

Le premier mouvement du Duc fut l'expansion de la joie ; mais oubliant bientôt cette bonne disposition et ce qui eût été le premier devoir d'une habile comme d'une généreuse politique, il ne s'arrêta pas à la pensée d'atténuer, s'il était possible, à force de bienfaits, la grandeur de l'injure faite au connétable. Il ajouta, au contraire, une nouvelle barrière à celle que cet outrage élevait entre eux, exigeant, pour lui rendre la liberté, une forte rançon et la remise de plusieurs places que Clisson et Jean de Penthièvre possédaient dans le duché. Les places furent rendues, la rançon payée ; mais une guerre s'en suivit. Olivier reconquit une partie des places qu'il avait cédées ; son drapeau même flotta quelque temps sur cette tour du château de l'Hermine qui avait vu les apprêts de son supplice. Enfin le Conseil de France s'étant entremis pour amener la paix, le duc de Bretagne fut condamné à restituer avec les forteresses les cent mille livres, prix de la liberté du connétable. La guerre que celui-ci lui avait faite coûtait d'ailleurs à Montfort plus du double de cette somme. Telles furent les suites des Etats de Vannes de 1387.

II. — Les premiers que nous rencontrions ensuite et qui méritent de nous arrêter, sont ceux de 1451. En proie aux dissensions et à la guerre, notre province n'avait pu, depuis longues années, jouir de ces assemblées où se discutaient ses intérêts les plus chers et qui étaient pour ses souverains l'occasion des réformes les plus utiles. Pierre II venait d'entrer en possession du duché. Prince d'une humeur sombre et soupçonneuse, ayant mené jusqu'alors la vie la plus solitaire, il écouta le conseil, que son prédécesseur et son frère lui avait donné en mourant, de bannir cette mélancolie et de se rendre, par une vie moins retirée, par un accueil franc et ouvert, accessible au peuple qu'il était appelé à gouverner. Fut-ce l'effet de ces dernières paroles d'un mourant ou de l'austère piété du nouveau duc, sincèrement désireux de remplir ses devoirs de souverain et de faire le bonheur de ses sujets ? Je ne sais, mais l'histoire atteste que pendant la courte durée de son règne, Pierre II fut toujours véritablement populaire. Si quelques-uns de ses actes portèrent encore l'empreinte de son malheureux caractère, la Bretagne les oublia, en voyant un prince généreux jusqu'à la profusion, appliqué aux affaires, soutenant noblement tous ceux qui avaient par leurs services bien mérité de leur pays, portant d'ailleurs aussi haut qu'aucun de ses prédécesseurs le vieux drapeau breton, détestant les impôts et craignant toujours d'en surcharger son peuple.

A peine avait-il ceint le cercle ducal, qu'il convoquait les Etats à Vannes pour le 25 mai 1451. « La veille, disent les registres,

» fut crié et banni que nul ne s'avance à entrer au dedans du » parquet du Parlement, sauf les seigneurs et conseillers et ceux » qui y sont ordonnés, sur peine de soixante livres d'amende, » présentement et incontinent exécutée. » Je m'arrêterai peu sur la création de trois nouvelles baronnies, celles de Derval, Malestroit et Quintin, et sur la réunion au duché de baronnies anciennes, qui fut régularisée dans cette tenue d'Etats. La baronnie, on le sait, emportait l'idée d'une domination étendue sur de nombreux fiefs et conférait les prérogatives seigneuriales dans toute leur plénitude jusqu'au droit de guerre et au droit de monnaie. Je ne parlerai pas non plus des quelques chevaliers bannerets, dont les lettres furent vérifiées à cette tenue, ni des nombreux procès particuliers qu'elle décida; car les Etats, à cette époque, exerçaient en dernier ressort le pouvoir judiciaire. Je ne ferai que mentionner les quelques heures employées à prononcer sur des discussions de préséance et à dépouiller devant le Duc, arbitre suprême, des titres et parchemins, beaucoup moins intéressants pour l'historien que pour le généalogiste.

Tous ces préliminaires sont enfin terminés, chacun a pris séance. Le chancelier déclare en peu de mots que « le Duc reconnait tenir sa » principauté de Dieu pour rendre la justice à ses sujets, qu'afin de » satisfaire à ce devoir il a convoqué ces Etats et qu'il sera exact à les » faire tenir dans la suite, pour que le droit de ses peuples ne souffre » aucune atteinte du retardement ou défaut de justice. » Puis Pierre II promulgue ses constitutions, objet le plus important de cette tenue d'Etats et sur lequel nous nous arrêterons quelques instants.

Le but principal de ces nouvelles ordonnances est de simplifier la procédure, de la débarrasser de celles de ses formes qui n'ont qu'un pur intérêt de chicane, de lui donner des garanties contre la mauvaise foi ou l'ignorance; enfin d'empêcher l'exploitation des plaideurs par les officiers de justice. A ces fins se succèdent un grand nombre de dispositions, souvent pleines de sagesse, et dont plusieurs ont passé dans notre droit moderne.

En premier lieu, elles pourvoient à la nomination de ces divers officiers. Nul ne pourra être admis comme tel, s'il ne justifie d'abord de bonnes mœurs et de capacité suffisante. Les notaires et *passeurs* d'actes publics, trop nombreux, et souvent d'une ignorance d'où suit *involucion de procès et perdicion de plusieurs bonnes causes,* seront jugés sur leurs mœurs et bonne vie par les sénéchaux, qui pourront instituer et donner autorité de passer les actes de leur cour à ceux qu'il leur plaira, en défendant à tous autres de s'en mêler, sur telles peines qu'ils aviseront. Les juges ni sergents ne pourront se faire remplacer dans leur office. La coutume étant, dans plusieurs juridictions, que ces derniers prélevassent un droit plus fort que le taux déterminé par la loi, Pierre II leur en accorde continuation, mais, dit-il, « *à la charge* » *de nous et non mie outre à la charge de nos povres subjets.* » De fortes punitions pécuniaires et la destitution arrêteront désormais celui qui serait « *tant hardi de faire nulle ranchons de blés, vins et* » *autres choses quelconques, sous ombre et couleur dudit office.* »

Un cautionnement est exigé des notaires, et l'obligation imposée à tout passeur d'actes publics d'écrire son nom, et de figurer ses signes et passements en un livre de parchemin qui demeurera en la cour de justice du ressort ; il devra aussi garder par devers lui minute de tous les actes signés de son nom et passés sous son signe ; et toutes les fois qu'il s'agira d'immeubles de quelque prix que ce soit ou de meubles valant plus d'une certaine somme, ces actes ne feront foi qu'autant qu'ils auront été passés par-devant deux notaires et scellés du sceau de la cour. Les procureurs généraux et particuliers reçoivent l'ordre de « *plédoier* » *désormais les causes des povres misérables personnes, moiennant* » *que ceux povres fassent foi ou qu'il soit notoire de leur povreté.* »

Le taux du salaire des avocats est fixé ; un délai est déterminé, passé lequel l'appel des causes perdues en première instance ne sera plus recevable.

A ces dispositions, principal objet des constitutions qui nous occupent, s'en joignent quelques autres de diverse nature. Elles réglementent l'exercice du droit de guet par les seigneurs des places démantelées, et l'exécution des lettres de grâce qu'obtenaient souvent les coupables, moyennant promesse de satisfaction ; elles punissent les jureurs et blasphémateurs ; elles fixent la mesure de la lieue bretonne à 2,880 pas géométriques, soit environ 4,800 mètres.

Par une sage sollicitude pour le progrès de l'industrie en Bretagne, le Duc, à la prière de l'évêque et des habitants de Vannes, couronna son œuvre en accordant aux nombreux ouvriers teinturiers, tisserands et autres, que les dernières guerres avaient chassés de Normandie, et qui viendraient s'établir dans cette ville, l'exemption de fouages, tailles et autres impôts, leur vie durant.

III. — Les lois relatives à la procédure reçurent quelques additions de légère importance aux Etats de Vannes de 1455 ; mais l'objet principal de cette convocation fut une question politique du temps.

Il s'agissait du mariage des deux filles du dernier Duc, princesses qui, dans l'ancien droit breton, changé par le triomphe de la maison de Montfort, auraient été appelées au duché avant leur oncle Pierre II. Mais le duc François Ier, leur père, en terminant une vie empoisonnée par le meurtre de Gilles de Bretagne, avait réglé la succession du duché, d'une manière sage et conforme au droit par lequel régnait sa maison. Il avait désigné pour ses successeurs Pierre, son frère, à qui il confiait le soin de sa jeune femme et des deux orphelines qu'il laissait après lui ; puis Arthur de Richemont, son oncle, connétable de France ; puis François, fils de Richard de Bretagne et comte d'Etampes, auquel il désirait voir fiancer l'aînée de ses filles, unissant ainsi les représentants de prétentions rivales. Il avait aussi exprimé le vœu que la seconde, Marie, épousât le fils du vicomte de Rohan. Après avoir pourvu de la sorte à l'avenir de ses sujets et de sa famille, François Ier, était mort pieusement, en disant aux courtisans qui environnaient son lit de douleur : « Mes amis, que l'état où je suis vous serve d'exemple ; » j'ai été votre prince, et maintenant je ne suis plus rien. »

Son frère lui avait succédé sans difficulté. Toutefois le roi d'Ecosse, oncle maternel des jeunes princesses, avait, en 1453, essayé d'élever des prétentions en leur faveur. Une ambassade envoyée par lui au roi de France, sous la conduite de l'évêque de Galloway, avait allégué de mauvais traitements infligés à la veuve de François Ier, et réclamé le droit de ses filles à la couronne ducale. Le roi Charles VII, bien instruit de l'affaire, et reconnaissant d'ailleurs de la part que les Bretons et leur prince venaient de prendre aux luttes de la France contre les Anglais, avait conseillé aux ambassadeurs Ecossais de faire le voyage de Bretagne, et d'y voir la sœur de leur souverain, dont le témoignage devait être d'une grande force pour les détromper. Isabelle d'Ecosse, pleine de bonté, de candeur, fidèle d'ailleurs aux dernières volontés de son mari, et comprenant dans sa droiture que l'intérêt bien entendu de ses filles, comme celui de la Bretagne, demandait qu'elle renonçât à faire valoir en leur faveur des droits peu fondés, avait assuré les envoyés de son frère que ni elles ni ses filles n'avaient à se plaindre d'aucune injustice, qu'elles étaient bien traitées, que si elles ne l'eussent pas été, rien au monde ne l'aurait pu contraindre à leur déguiser la vérité. Pour dissiper tous les nuages, elle avait aussi voulu écrire au roi de France, lui dire combien elle avait à se louer de Pierre II, et le prier de désabuser son frère.

Cet incident, qui n'eut pas d'autres suites, fit pourtant sentir au Duc la nécessité de consolider son pouvoir, en accomplissant les dernières volontés de son prédécesseur et en faisant sanctionner ses droits par le roi de France, par les Etats du duché et par le serment du prince auquel il allait donner la main de Marguerite de Bretagne, fille aînée de son prédécesseur. Dans ce but, Pierre II s'était rendu à Bourges ; le Roi et la cour de France avaient reconnu ses droits ; le comte d'Etampes, en demandant la main de la princesse Marguerite, s'était obligé, sous les plus fortes garanties, à respecter les dernières volontés du feu Duc ; il ne restait qu'à obtenir la sanction des Etats et à célébrer le mariage.

Le Parlement de la province se réunit à Vannes, le 13 de novembre dans la grande salle des Halles. Le Duc s'y rendit, vêtu d'une robe de drap d'or, et accompagné du comte d'Etampes. Son chancelier exposa tous les faits que je viens de raconter, et conclut à ce que les Etats fussent consultés sur la double question du mariage de Marguerite et de la succession au duché.

Ils émirent unanimement un avis conforme à celui des parents de la jeune princesse et aux désirs de tous. Le testament de François Ier, décidèrent-ils, devait être fidèlement observé ; ils ajoutaient même, — étrange idée, de prétendre légiférer sur l'histoire! — que les femmes avaient été constamment exclues de la succession au duché. Les faits donnaient à cette assertion le plus complet démenti. François d'Etampes priant alors le sénéchal de Nantes de parler en son nom, remercia par son organe le Duc et les Etats de l'honneur qu'ils lui faisaient, déclara qu'il était heureux de recevoir Marguerite de Bretagne pour épouse, qu'il avait promis d'exécuter fidèlement les dernières volontés du père de la princesse, qu'il renouvelait aujourd'hui son engagement en jurant sur les saints Evangiles. Marguerite de Bretagne, conduite par sa mère et par la duchesse régnante, la vertueuse Françoise d'Amboise, entra alors dans le parquet des Etats ; sa sœur Marie et un nombreux cortége de nobles dames la suivaient ; le comte d'Etampes descendit près d'elle, et l'évêque de Nantes les fiança ; puis le Duc décréta le mariage que confirmèrent les Etats assemblés. Ils ajoutèrent que, tant qu'il resterait des mâles issus de la maison de Bretagne, Marguerite ne pourrait succéder au duché.

Deux jours après, aux Cordeliers de Vannes, les mêmes Etats prononçaient l'union de Marie, sœur de Marguerite, avec le fils du vicomte de Rohan ; et le 16 novembre, dans la chapelle des Lices, une jeune fille aux riches parures, à la longue robe trainante, à la coiffe d'or enrichie de pierreries, était agenouillée devant l'autel à côté de son fiancé. L'évêque de Nantes célébrait le mariage de François, comte d'Etampes et de Marguerite de Bretagne.

Pierre II ne survécut pas longtemps à ces fêtes. L'année suivante le vit descendre au tombeau. Le viel et brave Arthur de Richemont ne fit que passer sur le trône ducal ; ses sujets eurent à peine le temps d'entrevoir les talents militaires et les rares qualités de ce héros, éclatante personnification du génie breton, dans son courage, sa foi, sa franchise et sa rudesse.

IV. — Lorsqu'en 1462, les Etats de la province se retrouvèrent convoqués à Vannes, le siége ducal était occupé par le jeune couple dont nous venons de voir bénir l'union en cette même ville, en 1455. François II, brillant et beau, nourri dans les fêtes de la cour de France, en transporta jusqu'en Bretagne le luxe, la gaité, la joie incessante, les tournois et les chasses. Les intérêts de ses peuples n'étaient cependant pas négligés, et, dans la tenue qui nous occupe, le Duc promulgua des constitutions nouvelles. La plupart rappelaient celles de Pierre II, et tendaient à en assurer l'exécution ; il y avait aussi quelques dispositions nouvelles. Ainsi, pour que les notaires n'exigeassent pas d'honoraires plus considérables que ceux fixés par la loi, il leur était ordonné de mentionner sur le dos des actes ce que leur avaient payé les parties, et la déchéance punissait celui que l'on pouvait convaincre d'avoir exigé plus qu'il n'avait inscrit, ou que les constitutions ne permettaient. Les faussaires et faux témoins étaient condamnés à être fouettés en public et à se voir couper, les uns l'oreille, les autres le poing ; en cas de récidive, la peine de mort était prononcée. Quelques dispositions venaient ensuite, relatives aux défauts, aux ajournements, et destinées uniquement à simplifier la procédure. Enfin les marchands, qui se servaient souvent pour faire rescinder leurs obligations de l'autorité de la puissance paternelle sous laquelle ils se trouvaient, étaient déclarés non recevables à invoquer cette excuse et capables de contracter par eux-mêmes des engagements valides.

V. — A la fin de ce règne, qui s'annonçait sous de si favorables auspices et dont la guerre et de longues dissensions, suscitées par l'ambitieuse duplicité du roi Louis XI, agitèrent si fort le cours, en 1485, dans des Etats tenus à Vannes, une importante innovation fut apportée à l'administration de la justice.

Jusqu'alors les causes avaient été jugées en appel par les Etats du duché ou par les commissaires qu'ils déléguaient à cet effet ; quand ces derniers étaient en fonctions, le Duc prenait souvent part à leurs travaux et les hauts barons avaient droit d'entrer à leurs séances ; mais les Etats ne se réunissaient pas chaque année. Dans l'intervalle des sessions, les affaires s'accumulaient et leur décision éprouvait souvent de longs retards : « A laquelle chose pourvoir et ordonner, dit » François II, avons dès notre advènement à notre règne et prin- » cipauté toujours eu singulier désir et affection : ce que bien loisi- » blement n'avons jusques à ores pu faire ni conclure, obstant les » grandes charges et affaires que nous a nécessairement et à nos » sujets convenu soutenir et porter, pour la tuition, garde et défense » de nosdits pays et principautés. »

Les temps étant devenus plus calmes, il ajoute qu'il institue à Vannes, pour décider toutes les causes réservées aux Etats, un parlement sédentaire, tribunal composé de magistrats nommés par le Duc et siégeant pendant deux mois au moins chaque année. Ainsi s'accomplit en Bretagne la séparation de l'autorité législative et du pouvoir judiciaire.

VI. — Transportons-nous maintenant à cinq années de là, en 1490. François II est allé rejoindre au tombeau Marguerite de Bretagne, qui bien jeune encore y était descendue. Deux filles d'une autre union, Anne et Isabelle, sont appelées à recueillir la succession de leur père; l'aînée est déjà déclarée duchesse de Bretagne. Les maisons de Penthièvre et de Rohan lui contestent ce titre. La décision prise en 1486, à Rennes, par les Etats de la province, n'a pas suffi pour affermir sur sa tête des droits, que la faiblesse de son âge et de son sexe semble exposer presque sans défense aux attaques des prétendants.

C'est une bien intéressante figure que celle de cette princesse, pauvre jeune fille appelée, à douze ans, à soutenir le fardeau d'une couronne, sans avoir même auprès d'elle quelque conseil désintéressé qui lui en allège le poids. De constantes et terribles difficultés environnent sa jeunesse; la réflexion sévère répand comme un nuage sur son beau front et se reflète dans ses yeux méditatifs, à un âge qui ne connaît d'ordinaire que la gaité et le doux abandon. Tous cherchent à opprimer sa faiblesse; les uns revendiquent sa couronne, les autres sa main. Promise successivement au jeune Edouard V d'Angleterre, qui mourut étouffé par son oncle Richard III, au sire d'Albret, dont la taille disgraciée, la face couperosée, et l'égoïste ambition lui semblent également déplaisantes, elle a vu le jeune et brillant duc d'Orléans, héritier présomptif du trône de France qui depuis fut le roi Louis XII; et le cœur de la jeune Duchesse n'a pu rester insensible à la sincère affection qu'il lui a marquée. Mais le duc d'Orléans, maintenant, est prisonnier du roi de France. Anne de Bretagne sans soutien reste en butte aux poursuites et aux intrigues. Dans des circonstances si difficiles sa sagesse ne se dément pas un instant, sa fermeté se déploie contre tous ceux qui veulent abuser de sa faiblesse. Les Etats de Vannes de 1490, dont nous parlerons ici, surtout parce qu'ils donnent un cadre à sa noble et belle figure, nous en offrent un exemple.

Le Souverain Pontife avait espéré pouvoir profiter des circonstances difficiles où se trouvait la Duchesse, pour nommer aux évêchés et aux abbayes de Bretagne sans sa participation. Il avait fait choix de titulaires étrangers, en partie Italiens et pris dans sa propre famille. Cette désignation, non moins que la prétention elle-même, avait choqué la princesse. Autant elle fut toujours dévouée à l'Eglise et au Saint-Siège, autant elle crut de son devoir de repousser avec vigueur cette atteinte portée à un privilége dont ses prédécesseurs avaient joui constamment, et où elle voyait une des belles prérogatives de sa couronne. Si la prétention du Pape, abstraction faite des circonstances, était en effet conforme aux salutaires principes de la séparation des pouvoirs religieux et civil, les fiefs et bénéfices considérables attachés aux évêchés et aux abbayes, rendaient au moins désirable, pour l'intérêt, pour la sécurité même du duché de Bretagne, que nul ne pût en être investi sans l'agrément de la souveraine. Anne réunit les Etats, trouva leurs dispositions conformes aux siennes, et forte de leur concours, prit des mesures, exagérées peut-être par le ressentiment de sa faiblesse offensée, mais dont tout le but était de sauvegarder ce qu'elle croyait être son droit, et de garantir la tranquillité du Duché. Elle s'opposa à la mise en possession des nouveaux bénéficiaires pourvus en cour de Rome, défendit à tous les chapitres de Bretagne de les recevoir, et ordonna de plus, sous peine de bannissement et de saisie du temporel, qu'on n'admît aucune bulle sans les avoir présentées au chancelier ou au Conseil ducal.

La principale affaire de ces Etats était ainsi terminée. Nous faut-il maintenant suivre Anne de Bretagne dans ses terribles perplexités, soit lorsqu'elle promet d'épouser Maximilien d'Autriche et de devenir reine des Romains, parce qu'elle voit dans la puissance de ce prince un appui pour le Duché, et dans son éloignement une garantie pour l'indépendance bretonne ; soit lorsque, contrainte par la nécessité elle vient au château de Langeais donner définitivement sa main à Charles VIII, roi de France, déjà maitre par la force de la moitié de son Duché? Nous unirons-nous au peuple qui, lorsqu'à Saint-Denis elle est agenouillée devant l'autel, admire unanimement la grâce et la modestie de la jeune souveraine, dont la renommée lui a déjà dit les talents et la sagesse? On la couronne reine de France, et son cœur bat avec amertume sous la somptueuse robe de drap d'or qui le couvre ; seul il mesure l'étendue du sacrifice que la jeune princesse, en promettant à son ennemi obéissance et amour, a fait au repos des peuples dont la Providence lui avait confié la garde. La verrons-nous, quand son devoir a triomphé dans la lutte, perdre après une courte union le mari auquel elle s'est désormais consacrée? Non; car il faut nous hâter d'en venir à la dernière session des Etats dont nous devons nous occuper dans cette première partie.

VII. — C'est en 1501. Anne de Bretagne, âgée de vingt-trois ans à peine, peut enfin oublier les malheurs de son adolescence, Reine de France pour la seconde fois, elle est la femme du prince qu'enfant elle avait aimée. Pour que rien ne manque à son bonheur, Louis XII, sur qui elle a conservé tout son pouvoir, a voulu, par son contrat de mariage, garantir pour l'avenir l'indépendance de la Bretagne. Ce contrat a prouvé que, cette fois, Anne épousait un amant et non un maître. Enfin la naissance d'une fille, Claude de France, est venue cimenter leur union. C'est pour recevoir notification du projet de mariage de cette enfant, encore au berceau, que les Etats sont convoqués ; et ils doivent aussi délibérer sur une demande de subsides. La fille du roi de France est promise à Charles, duc de Luxembourg, qui fut depuis Charles-Quint. Ce mariage ne se réalisera jamais : Claude est héritière du duché de Bretagne; Louis XII comprendra bientôt qu'elle ne peut porter ce bel héritage entre les mains d'un rival, destiné à devenir si puissant et si redoutable.

La demande de subsides a pour cause les dernières guerres d'Italie; mais dans cette triste exigence, nous retrouvons encore le bon Louis XII. « Toujours désirant, dit-il, le bien dudit pays et Duché » et le soulagement de ses bons et loyaux sujets, et leur démontrer » qu'il ne les veut fouler ni surcharger, mais plutôt les supporter par » tous les moyens à lui possibles, et considérant la charge que ledit » pays a pour longtemps portée, tant à cause des guerres, mortalité » que autrement, leur veut bien donner à connaitre sondit amour et » affection : par quoi il est content que, du nombre des feux qu'ils » avaient et portaient l'an passé, leur soit diminué et défalqué le » nombre de 2000 feux sur le plus pitéable et indigent dudit pays. »

Cette bonté, qui atténue le poids d'impôts nécessaires, en exonérant ceux-là pour qui ce fardeau est le plus lourd, peint bien le cœur

BIBLIOTHÈQUE ...

du prince qui mérita le nom de Père du peuple. On y retrouve l'époux chérissant comme un trésor les vertus d'Anne de Bretagne, et se plaisant à reporter sur la province qu'elle aime un peu de cette singulière amour et dilection qu'il a pour elle. Mais on y reconnait aussi cette paternelle sollicitude pour le soulagement du pauvre peuple et le repos de leurs sujets, innée au cœur des rois de la race de saint Louis.

DEUXIÈME PARTIE.

SOMMAIRE.

I. Mort d'Anne de Bretagne. Etats de 1532 : débats concernant l'Union de la Bretagne à la France. — II. Etats de 1592 : la Ligue et le duc de Mercœur. — III. Etats de 1717 : conspiration de Pontcallec. — Conclusion.

I. — Dans une vaste salle tendue de riches tapisseries, sur un lit que recouvre un drap d'or semé d'hermines, repose une femme jeune encore. Une robe de velours pourpre enveloppe son corps, sa tête porte la couronne, ses mains sont jointes, le sceptre et la main de justice gisent à ses pieds sur deux carreaux de drap d'or. A la voir on dirait un sommeil doux et tranquille, tant ce visage paraît calme, tant la mort, en le touchant, l'a respecté, jusqu'à lui laisser encore l'empreinte de la beauté. Peu de jours après, des draperies noires ont remplacé l'or et la pourpre; les restes mortels sont enfermés dans une chapelle ardente, et les messes se succèdent pour le repos de l'âme d'Anne de Bretagne. A trente-six ans, elle a terminé sa vie; le peuple, qui environne sa couche funèbre, voit dans le calme admirable peint sur sa figure le signe des éternelles récompenses méritées par la carrière sans tache de celle qui fut surnommée *la bonne Duchesse.* Avec elle s'éteignent de fait les dernières lueurs de l'indépendance bretonne. Ce n'est plus Anne de Bretagne, c'est Claude de France qui est notre souveraine.

Mariée au duc d'Angoulême, que sa naissance appelle à succéder au trône, elle se résout sans peine à faire à son mari, devenu le roi François Ier, donation de l'usufruit de son duché, dans le cas où elle mourrait avant lui ; elle lui cède même la plénitude de ses droits s'il lui arrive de mourir sans héritier direct. La première hypothèse seule se réalise ; Claude succombe, mais elle laisse plusieurs enfants — Le roi se décide alors à consommer l'irrévocable union de la Bretagne à son royaume, en la faisant demander par les Etats de la province, et en déclarant duc de Bretagne l'aîné de ses fils qui devait en même temps porter la couronne de France.

Ce fut en 1532, dans la grande salle du manoir épiscopal de Vannes, que les Etats se réunirent pour cette importante affaire. Le roi y assista-t-il? Attendit-il à Châteaubriant l'issue des délibérations? Les documents et les annalistes varient à cet égard ; la première opinion est pourtant la plus probable. Outre la probabilité, elle a même pour elle des pièces authentiques. Ce qui est sûr, du reste, malgré le témoignage des actes officiels, souvent assez suspects en pareille matière, c'est que la proposition d'unir définitivement notre province à la France, loin d'obtenir dès l'abord l'universalité des suffrages, suscita une vive opposition et des débats orageux au sein des Etats.

Les partisans de la vieille nationalité bretonne, puisant dans les circonstances un surcroît d'énergie, repoussaient obstinément la domination étrangère, même masquée sous la forme d'une alliance. Leurs pères avaient su défendre l'indépendance du duché ; avait-on le droit de sacrifier cet héritage? Qu'allait devenir la Bretagne une fois province du royaume? Oubliée, abandonnée, par suite de son extrême éloignement de la capitale, elle verrait ses deniers publics employés uniquement au profit de la France, ses bénéfices prodigués à des étrangers, ses gentilshommes entraînés à des guerres lointaines absolument étrangères à ses intérêts, son peuple foulé d'impôts, impuissant à faire monter jusqu'aux oreilles d'un souverain si éloigné de lui ses prières et ses plaintes. Les intérêts de la Bretagne lui étaient particuliers comme ses mœurs ; pourquoi son gouvernement ne le serait-il pas de même et ne resterait-il pas aux mains de ses enfants, seuls capables de régir avec la sollicitude, avec l'amour qu'elle méritait, leur vieille terre de granit minée par les flots?

Les partisans de l'Union, au contraire, forts de l'expérience des deux derniers siècles, soutenaient que, tant que la Bretagne resterait indépendante, il n'y aurait pour elle ni prospérité, ni repos assuré. Eternel objet des convoitises rivales de la France et de l'Angleterre, éternelle arène préparée par la nature aux luttes de ces deux nations, prise et pressée en quelque sorte entre ces deux puissantes ennemies, elle devait nécessairement succomber tôt ou tard, et perdre peut-être dans une conquête ces précieuses franchises dont l'union actuelle avec la France lui assurait, au contraire, la conservation. La Bretagne devenue française serait d'ailleurs assez forte pour repousser toute tentative étrangère; les Anglais, ne pouvant plus espérer de s'y faire un parti, n'oseraient plus s'attaquer aux remparts de roches qui hérissaient nos côtes; ils porteraient leurs agressions sur un théâtre moins difficile, et ainsi, sous l'ombre bienfaisante de la paix, notre agriculture, notre industrie, notre commerce pourraient se développer librement.

Les raisons, on le voit, étaient fortes de part et d'autre. Toutefois si les inconvénients signalés par les adversaires de l'Union semblaient redoutables, le parti de la séparation n'offrait-il pas de bien plus grands dangers encore? L'expérience des siècles précédents en avait montré la réalité; celle des âges suivants prouva que l'union à la France en était le meilleur remède. D'ailleurs ce qu'aujourd'hui, l'histoire en main, nous pouvons dire, et ce que quelques hommes éminents étaient seuls capables de prévoir alors, c'est que, les diverses nations de l'Europe commençant à graviter rapidement vers l'unité, les petites principautés, dans ce grand et irrésistible mouvement, devaient presque forcément disparaître et s'absorber en de grandes monarchies. La Bretagne, par sa position, n'était-elle pas inévitablement destinée à se voir bientôt, elle aussi, engloutie dans le torrent, après avoir acheté peut-être une courte prolongation d'indépendance par des luttes sanglantes et des ruines irréparables? Il est permis de croire que ce grave motif ne fut pas compris de nos pères, dont le sentiment national ne céda qu'à une raison, plus forte encore, s'il est possible: la nécessité. Leur répugnance à descendre au rang de province, d'Etat indépendant qu'ils étaient, se manifesta surtout sur la proposition qu'on leur fit de demander eux-mêmes l'union de la Bretagne à la Couronne. — Quoi! disaient-ils, une soumission n'était-elle pas suffisante? Fallait-il encore aller au-devant du joug qu'on voulait leur imposer? — Peu s'en fallut que la négociation n'échouât. Les Etats cédèrent, mais en posant pour condition nécessaire le maintien des priviléges et franchises de la province. — Ils demandent au Roi « qu'il lui plaise leur » accorder et permettre que Monseigneur le Dauphin, qui est leur » Duc et prince naturel, estant à présent en cedit pays, soit reçu et » fasse son entrée à Rennes, qui est le chef de son duché, comme » Duc et prince propriétaire de ce pays..... en réservant toutes fois à » vous, Sire, l'usufruit et l'administration totale d'icelui pays..... » Outre, Sire, vous supplient très humblement lesdits gens des trois » Etats qu'il vous plaise unir et joindre perpétuellement lesdits pays » et duché de Bretagne avec le Royaume de France, à ce que jamais » ne se trouve guerre, dissension ou inimitié entre lesdits pays, » *gardant toutes fois et entretenant les droits, libertés et priviléges* » *dudit pays*, tout ainsi qu'il a plu, Sire, à vos prédécesseurs, Rois » et Ducs de ce pays, tant par les chartes anciennes que autrement, » les y maintenir et garder; et que mondit seigneur le Dauphin ainsi » le jure faire. De quoi, Sire, vous plaira leur faire dépescher vos » lettres patentes. »

Cette requête des Etats fut adressée au Roi, et le mois n'était pas écoulé que François Ier y répondait par des lettres où il disait, entr'autres choses : « Nous confirmons, louons, ratifions et approuvons » tous et chacun les dits priviléges, exemptions, franchises et libertés » à eux octroiez et concedez, comme dit est, par nos prédécesseurs, » ducs de Bretagne, et dont ils ont ci-devant joui. Et pareillement, au » fait et administration de la justice, villes, lieux et communautés » d'icelui pays et duché, voulons que d'iceux ils jouissent dorénavant » ci-après perpétuellement et à toujours : reservé toutesfois ce que » les gens mêmes desdits Etats nous pourront requerir être réformé » ou mué pour le bien, profit et utilité du pays. » Peu de jours après, par de nouvelles lettres, le Roi spécifiait, entr'autres priviléges, « qu'aucune imposition ne serait mise en Bretagne sans avoir été » préalablement consentie par les Etats, et que la justice serait entre- » tenue en la forme et manière accoutumée. »

On le voit, c'était un contrat synallagmatique qui unissait notre province à la France, moyennant promesse du roi et de ses successeurs d'en respecter les franchises. La Bretagne n'était pas une esclave, recevant aujourd'hui de la faveur du maître la jouissance d'un pécule que son caprice peut demain retirer ou restreindre; c'était l'épouse légitime acceptant, avec l'anneau conjugal, une loyale union qui, en retour de sa fidélité, lui assure la conservation de ses droits, de ses biens et de son honneur.

Le Dauphin, héritier du duché, fit, peu de jours après, son entrée solennelle dans la ville de Rennes. De magnifiques fêtes la signalèrent. Au splendide cortége des magistrats, des officiers de la ville, des hommes d'armes portant les couleurs de Rennes et celles du Dauphin, se joignirent des récitations de motets rimés, innovation où se peignait déjà le génie de la Renaissance. Le bruit du canon et le son de la cloche du beffroi mêlaient à ces fêtes leurs vifs éclats. Le Dauphin reçut au pied de l'autel la couronne bénite des ducs de Bretagne; un héraut cria : *Largesse, largesse*, et une pluie d'argent tomba dans la foule. Enfin, au nom des habitants de Rennes, un gentilhomme vint offrir au nouveau duc une hermine d'or couchée sur une terrasse émaillée entre six beaux lys, emblème de l'union de la Bretagne à la France consentie par les Etats et devenue définitive.

II. — Les années qui suivirent furent paisibles jusqu'au jour où l'hérésie, qui désolait le Royaume, vint contraindre notre vieille province de se lever pour la combattre. Soixante ans sont écoulés; nous avons laissé la Bretagne dans les fêtes, nous la retrouvons au milieu des combats, et lorsqu'en 1592 les Etats sont encore une fois assemblés à Vannes, ce n'est plus le son joyeux des cloches qui fait retentir l'air, c'est le cliquetis des armes qui effraie nos champs. Il ne reste plus de descendant d'Anne de Bretagne, non plus que de ce duc François III, que nous venons de voir couronner, à Rennes, au milieu des pompes et de la joie populaire, et que la mort prit tout jeune, sans lui laisser le temps de régner. Henri de Bourbon, roi de Navarre, est appelé au trône par sa naissance, mais il est protestant, et bien des catholiques redoutent de voir un huguenot occuper le trône des rois très-chrétiens. Un parti puissant se forme pour empêcher la couronne de reposer sur sa tête; ce parti prend pour roi le cardinal de Bourbon; il prête serment à la Sainte-Union, et la Ligue est fondée. — En Bretagne plus que partout ailleurs elle eut de profondes racines. Le vif attachement de nos populations à leurs croyances religieuses les y engageait naturellement, et des circonstances politiques particulières contribuaient à les y jeter plus unanimement encore. Le duc de Mercœur gouvernait notre province au nom du dernier roi; cet illustre guerrier réunissait à un degré éminent les défauts et les qualités qui font les chefs de parti. Il était ambitieux, austère de mœurs et de principes, courageux soldat, général habile, et chéri pour sa libéralité; il joignait, en outre, à des talents réels pour gouverner une foi ardente et profonde. Il considérait sa femme comme la légitime héritière des droits des Penthièvre au duché, et la cause qu'il servait comme celle du catholicisme; son influence en Bretagne lui paraissait assez puissante pour arriver au double but qu'il se proposait, en faisant triompher sa religion et ses droits.

Ce fut lui qui convoqua les Etats à Vannes en 1592. Le serment de l'Union, profession de foi des ligueurs y fut solennellement prêté, et la publication des actes du Concile de Trente condamnant le protestantisme ordonnée par toute la province.

Les actes de ces Etats sont donc pour nous l'expression fidèle et résumée des passions et des convictions qui animaient les ligueurs. Nous ne pouvons passer outre sans apprécier en quelques mots une époque illustrée par des événements tels, qu'ils faillirent changer le cours des destinées de notre province et faire revivre l'antique duché de Bretagne en en plaçant la couronne sur le front du fils de Mercœur. Dans les guerres civiles de la Ligue, comme dans toutes les dissensions qui agitent les hommes, l'ambition particulière eut une large part; bon nombre de guerriers et de chefs des deux armées n'y virent qu'une occasion de satisfaire leur cruauté ou leur vengeance, et plus d'un La Fontenelle, plus d'un baron des Adrets fit rejaillir sur son parti entier l'odieux de ses excès révoltants; il faut toutefois le reconnaître, pour beaucoup d'entre eux le vrai mobile fut une ferme conviction. Quand j'étudie ces temps, j'y trouve des deux côtés des hommes croyants et sincères, et ma sympathie, je l'avoue, hésite souvent entre eux. D'une part j'apprécie ces intelligences d'élite qui ont si bien compris les avantages de l'hérédité monarchique, qu'ils ont jugé que pour rien au monde on ne devait s'écarter de ses lois. Je respecte ces hommes honnêtes qui ont eu à un si haut point le sentiment de l'équité, que, lorsqu'ils ont vu le droit passer aux mains d'un homme, même hostile à leur croyance, ils ont voulu le défendre avec lui, comme un héritage sacré.

D'un autre côté j'aime et j'admire l'énergie de croyance de ces ligueurs, gentilshommes, bourgeois et peuple, qui, voyant la foi menacée sous le règne d'un prince huguenot, dans un temps de persécutions réciproques, sacrifiaient leurs intérêts matériels, leur tranquillité, leur vie même, à la conservation de la religion catholique dans ce beau royaume de France, dont elle faisait depuis tant de siècles la gloire, la puissance et le bonheur. Ils répondent d'ailleurs à leurs adversaires que le droit traditionnel du pays veut un roi, non seulement l'aîné de sa race, mais encore professant la foi de saint Louis. Tous ces différends se concilièrent. Henri IV, que sa religion seule éloignait du trône, embrassa la foi catholique, et dès lors ses droits devinrent pour tous incontestables. On vit alors la Ligue perdre peu à peu l'appui de tous ceux dont les convictions religieuses étaient l'unique mobile, et la modération de ce prince, si digne de régner, compléter l'œuvre de son courage. Des lois dictées par une sage tolérance vinrent bientôt rétablir la paix, dans le royaume que sa valeur lui avait conquis.

Le duc de Mercœur soutint le dernier de tous, trop longtemps peut-être, le drapeau de la Ligue; après dix années de guerre il dut enfin se soumettre. Le cercle ducal de Bretagne resta uni définitivement à la couronne de France sur la tête d'Henri IV, et Mercœur alla porter en Hongrie, contre les fils de Mahomet, l'étendard sacré qu'il avait d'abord déployé dans sa patrie. Il allait y rentrer, quand la mort l'enleva à l'âge de quarante-trois ans. Henri-le-Grand, par deux services solennels célébrés à Paris et à Nantes, rendit hommage à la mémoire de son plus opiniâtre ennemi. Un tel acte honore à la fois son auteur et celui qui en est l'objet.

III. — Nous passons maintenant sans transition au XVIIIe siècle. Quelques auteurs, en plaçant à Vannes la session des Etats tenus réellement à Dinan en l'an 1717, et à laquelle se rattachent les derniers mouvements de la nationalité bretonne avant 1789, nous autorisent à la faire entrer dans le cadre de notre travail. Quelques mots sur la conspiration de Pontcallec formeront donc le complément de cette seconde partie où, après avoir montré la Bretagne définitivement unie à la France en 1532, nous venons de la voir, en 1592, tout près de recouvrer sous le duc de Mercœur son antique indépendance. Philippe, duc d'Orléans, exerçait la régence pendant la minorité de Louis XV. Trois millions de livres de joyeux avènement avaient été accordés par les Etats; le gouvernement, se servant en cette occasion de l'organe du maréchal de Montesquiou, voulut exiger le vote par acclamation d'un million de livres de plus, à titre de don gratuit. On vit alors le Président de la Noblesse se lever et répondre que la demande, faite impérieusement par le représentant du Roi de France, était une atteinte aux priviléges bretons. Il lut le contrat de mariage de la duchesse Anne qui sanctionnait ces franchises, et la lecture en fut accueillie par d'unanimes applaudissements. Les trois Ordres répondirent à la demande qui leur était faite : « que les Bretons étaient les sujets dévoués du Roi; qu'en toutes circonstances ils s'étaient efforcés de donner à la monarchie des preuves éclatantes de leur zèle; mais que le droit de la province était de voter librement les impôts, et qu'ils n'accorderaient le don gratuit qu'après avoir consulté l'état de leurs finances, comme c'était leur devoir. » Le Régent ordonna immédiatement la dissolution des Etats et la levée des subsides par voie d'autorité. Ce prince corrompu, si libéral en paroles, si despotique à la moindre résistance opposée même justement à ses caprices souverains, violait ainsi la loi qu'il eût du faire respecter et les engagements sacrés, pris par la couronne de France à l'égard de la Bretagne. Les Bretons résistèrent. Leur Parlement décida que la dissolution des Etats et la levée forcée des impôts étaient une double atteinte portée au traité d'Union.

Des troupes furent envoyées pour comprimer le mécontentement; la fermentation s'accrut; alors eut lieu la conspiration de Pontcallec. Les Bretons, convaincus que les liens qui les unissaient à la France se trouvaient rompus par violation même du pacte d'Union, résolurent de se soulever et de se mettre sous la protection du roi d'Espagne Philippe V, petit-fils de Louis XIV. Trente-cinq mille gentilshommes, dont beaucoup cultivaient eux-mêmes leurs champs, prêts à échanger la bêche contre l'épée, peuplaient alors nos campagnes ; des populations nombreuses pouvaient se soulever avec eux ; le Régent prévint le danger ; des traîtres vendirent les plans de la conspiration, des arrestations eurent lieu, des cours prévôtales furent instituées. Grâce pourtant à la sympathie universelle, sur cent quarante-huit gentilshommes ou paysans poursuivis, quatre seulement furent arrêtés. Qui ne connait en Bretagne la belle et déplorable fin de MM. du Couëdic, de Pontcallec, de Talhouet et de Montlouis, les deux derniers dans toute la force de l'âge, Pontcallec à peine entré dans la vie (il n'avait que vingt-deux ans). C'est lui dont la ballade bretonne exprime si énergiquement la dignité en présence des juges serviles qui ordonnèrent sa mort : — « Ils demandèrent à Pontcallec : « Seigneur marquis » qu'avez-vous fait ? » — « Mon devoir, faites votre métier ! »

Du Couëdic, en terminant sur l'échafaud une longue et honorable carrière toute consacrée à son pays, répétait avec amertume : — « Après vingt-huit ans de services, est-ce donc là ma récompense ? » Tous quatre moururent avec la résignation du chrétien et le courage du Breton.

Ainsi s'éteignit dans le sang cette dernière entreprise, inspirée par le souvenir de notre vieille indépendance nationale, et provoquée par la violation des droits de la Bretagne.

Malgré les désastreuses conséquences qu'entraine toujours après soi le mépris du droit, malgré l'absolutisme du XVIIIe siècle, si contraire aux vieilles coutumes de la monarchie, malgré le vide redoutable fait autour d'elle par la ruine de tous les droits et de toutes les croyances, la Royauté résista encore quelque temps. C'était le vieux tronc qui même privé de sève, ses branches desséchées et ses feuilles déjà jaunies, résiste encore appuyé sur ses antiques racines ; mais cette apparence de vie dure peu, et bientôt il tombe en brisant dans sa chute les arbustes que son ombre avait jadis abrités.

La fin du dernier siècle vit succomber en même temps les Etats de Bretagne et la Royauté. Nous voilà donc arrivés au terme de cette trop longue étude, dont chaque page fournit une nouvelle preuve du vif et constant amour qu'inspiraient à nos aïeux leur foi, leur pays, leurs libertés.

Ici du reste, il est bon de le noter en terminant, parmi les sessions de nos Etats tenues en la ville de Vannes, nous avons dû nous restreindre aux plus célèbres, c'est-à-dire, pour la plupart aux plus orageuses. Bien d'autres fois sans doute, l'assemblée des représentants de la province vint donner à cette cité le spectacle de délibérations plus graves et peut-être moins émouvantes, mais plus fécondes en résultats utiles au pays. Elles sont restées obscures dans l'histoire, et comment s'en étonner? Cent poètes ont célébré la tempête; mais combien ont chanté le calme?

BIBLIOTHÈQUE IMPÉRIALE

(*Extrait de la Revue de Bretagne et de Vendée.*)

www.ingramcontent.com/pod-product-compliance
Ingram Content Group UK Ltd.
Pitfield, Milton Keynes, MK11 3LW, UK
UKHW012127240726
13965UKWH00005B/2012

9 782013 043311